Colección

Panhispánica de poesía

TROBAR CLUS

Salvador Zambrana

Colección
Panhispánica de poesía

Casa Bukowski
Editorial

www.casabukowski.com
www.radiobukowski.org
Contacto: casabukowskieditorial@gmail.com

Colección Panhispánica de poesía

Trobar Clus
©Salvador Zambrana

Director de edición	:	Ivo Maldonado
Editor	:	Ivo Maldonado
Diseño de portada	:	Miguel Infor
Diagramación y diseño de interiores	:	Miguel Infor
Encargada jurídica y administrativa	:	Silvia Valdés

ISBN: 978-9942-44-951-1

a Siena

«Only a few could look upon

its face w/calm».

Jim Morrison.

«¡Oh ces jours où il veut marcher

avec l'air du crime!».

Arthur Rimbaud.

«Je suis l'autre»

Gérard De Nerval.

Arthur Wolfinguer

Pequeño ¿quién te asustó?

Tus ojos y esa ininteligible figura

con apariencia de sombra

que se presentó ante mí y preguntó:

¿Por qué te escondes?

Si uno somos en la noche, a solas.

EL SUEÑO DEL NIÑO

Un niño sueña con un desconocido
que de lejos le observa
entre medio del túmulo.

ESPEJUELO

He sentido recelos hacia Él.
Me pregunto ¿a qué habré venido?
¡Que ellos crean en lo que quieran,
en la muerte, la esperanza, Dios!

Pero yo, yo no me arrodillaré
ante su eminencia
mas sí reclinaré mi cabeza
para soñarnos vivos.

CUANDO LLEGUE EL DÍA EN QUE NOS FALTE EL AIRE

y la luz ya no entre a nuestros ojos
y sea la tumba la que nos aguarde:
por favor, no tengan piedad de nosotros.

Dios orgiástico, que bien lo sabes todo
desde mis más simples errores
hasta cada uno de mis logros
te imploro, no me perdones
cuando forme parte del aire
y mis ansias inmortales sean una con el polvo.

SPLEEN

a T.A.S.

Tal si le arrancasen los pétalos
a un lirio
a una rosa
o las cuerdas a un violín
así se siente
como tú, flor de lis
marchitada en exilio
nostálgica pero fulminante
como esa noche en la que de amarte
me arrepentí;
pues de mi silencio
ya no queda nada
ni carcajadas humeantes,
ni besos esquivos, solo spleen.

ESCRIBIR UN POEMA ES TAN DIFÍCIL

«Difícil cada vez más la poesía».
Carlos Martínez Rivas.

Escribir un poema es tan difícil
cuando ya casi todo está escrito.
Al poeta solo le hace falta decir,
menoscabadamente, que la poesía
y más ahora, se ha convertido en un mito.

Nos hizo falta tener alas
descender al infierno
creer en el Diablo antes que en Dios
darnos cuenta que al final de la muerte
no hay más nada.

Todo es en vano
no al encontrar la palabra
pájaro, cielo, caballo salvaje, colina
tampoco es para tanto- porque
si no es el misterio y la gloria, entonces la ruina.

Los poetas se parecen tanto a los Ícaros
sobre lo más elevado.
Derretidas alas por el Sol
para hundirse por siempre en el mar.

Si yo te contara...
y antes, Corbière: ¡Maldito este oficio de perros!
Solo nos atesora la palabra
oral, echada al silencio.
Pero no extraviada en la memoria íntima.

Imagino que todavía existen algunos por ahí
cargando nidos en sus pechos
transformando en señales todo aquello que tocan
con las manos sucias o limpias
metiéndolas al fuego
por quien aclama y posa desnuda fijamente
ante la rosa mirada.

YO QUE CREÍ

a Hazel Reyes

I

Yo que creí burlar el inexorable y brutal
poder del Amor
heme aquí
c o n d e n a do como la piedra a ser
piedra, como la flor a ser flor.

Tú que sobre todos los hombres
me elegiste a mí
vasta e inimaginable sensación elevada
a la potencia del corazón raudo:

Mirada, gesto, palabra
Así un secreto ceñido a los labios.

¡Oh! Las líneas de tus manos como un epigrama.

II

Hay días en que aborrezco mi sobria existencia.
Días que son para mí un espejismo
pero no hay noche en la que no te vea
como un pensamiento que, de pronto, olvido.

Días y sin aviso se cae la casa,
se incendia, y a empezar de nuevo
desde el jardín hasta la puerta de entrada.

Al menos te di:
Un pedazo del mar.
Un poema de amor.
Un libro.

BOHEMIA

El rey de los borrachos
tomó medidas cautelares.
Premeditó: «El mundo vive en convulsa estupidez».

La sobriedad le duró seis días.
Luego, se emborrachó.

TABERNARIO

En la Taberna
solo al sentarme presencio el espectáculo
de borrachos que luchan entre ellos mismos
por saberse quién más decadente.

El licor cumple su función.
No he almorzado -adrede-.
Me confieso con el mozo
asienta con la cabeza, sí dice.
Pareciera comprender todo lo que le digo.
Solo le importa que pague la cuenta.

Declamo un poema.
Alguien manda a mi mesa otro litro.

MANAGUA CITY BLUES

I

Poseído y ebrio al fin me explayo en todo
lo idealizado por el hombre hasta ahora
principalmente ante la incertidumbre
de vivir en complicidad, entre otros yo.

II

Mientras envejezco, con esto
la poesía
me enviajo a través de sus lindes
hacia la expiación de una infinitud mayor
que son los tres rostros del alma
invadida
donde se esconde ante los ojos del mundo
ante los ojos tristes y miserables del mundo
el verdadero Dios.

III

Todos en exilio terrenal
      excepto yo
que vivo exiliado en mi propio cuerpo.

Mi espíritu se hace trescientos años más joven
mientras el tiempo pasa con su pretexto
venidero.

He reencarnado, quizá y hasta haya muerto
suficientes veces ya
como para lapidar
con un centenar de nombres
distintos cementerios.

SOLIN SALA RA

I

¡Dios!
Te perdí la noche en que fui visitado
por seres de otra galaxia.

Tanto tiempo desperdiciado en oraciones
Ensimismamientos
Cultos de magia
Poemas
Sueños
Amores
En superar la maldita angustia.
Con el diezmo no se juega, solo con el santo.

Conocí a un yogui la otra vez.
Me dijo: "Fuiste asesino en tu vida pasada".
Hablamos del amor, luego del dinero.

Dios.
Te perdí la noche en que fui visitado
por seres de otra galaxia.
¿Acaso eran tú?

Soliiiiiiiiiin Salaaaaaaaaa Rrrrrraaaaaa.

ALTER EGO

*«Hay que rebelarse de forma anárquica
ante cualquier tipo de identidad».*
Antonin Artaud.

Gran suicida ¿por qué
dejar la puerta abierta
entre cipreses?

Llévate lejos
por favor toda angustia
junto contigo.

Llévatela
mi amor, toda ceniza
y estos conjuros.

Todo lo muerto
cabe en la boca, barro
y girasoles.

Anocheceres
¡Vigilantes extraños!
Delirium tremens.

DELIRIUM TREMENS

Yo que vi tus ojos inolvidables
y hechizos bajo lluvia agustina
tras la suma de todas tus caras
tras tu sombra disonante
cuando viví contigo, entre otras tú.

ÓLEO

a Eddly Paladino

Oleaje: agua que choca contra agua.

A veces, me finjo cangrejo
nadie sabe
si camino para atrás o hacia adelante
nadie sabe
de dónde provengo.

EXÉGESIS

Un antiguo exégeta intenta descifrar
señales ocultas en un sueño
de la infancia.
Camina por calles baldías
con un disfraz de hombre, híbrido.

AMÓN

> *«Hemos creado al hombre de barro,*
> *antes del fuego ardiente habíamos creado a los genios»*
> Corán, 15, 26-27.

Tolteca, portador de la luz del Metatrón.
Todo es uno.
Místico disfrazado de poeta.
Nuestro reflejo es una ilusión.
Radio receptor del mundo.
Djinn habita en mi cabeza.

LOST

a Salmo

En el más oscuro encierro
imagino sombras espías
cuyos ojos deben ser sacados con los dedos
presagio del laberinto, otra vez:

Multiversos paralelamente nos conducen
al mismo ataúd unipersonal.

Ante el último suspiro triste
del ayer, enfermizo recuerdo de mi infancia
lo perdido que en mi guarece.

DESPEDIDA

a Hazell Arauz Zamora

Me desharé de toda máscara
que conforma cada uno de mis yo
lo hablé la otra noche cuando me despedí
mientras dormías.

BONUS TRACK

Acerca de la amistad
no tengo amigos
solo hermanos y soy ellos
en mi mente, uno mismo.

TROBAR CLUS

(Falta una cita de Shakespeare)[1]

He leído
poemas escritos en cárceles y manicomios.
No existe Obra Maestra
cercana al lenguaje del bajo mundo.

Músicos y Pintores, artistas.
El poeta no lo es, o lo es
por excelencia, actor sufrido
espectador de Teatro, y viceversa.

REVELACIONES DE UN DIOS EN SU LECHO DE MUERTE

Si ha de haber algo a qué echarle la culpa
si no es al Diablo, es al vicio.

¡Qué putas! Trump
                sancionó a Avellán
y a otros gamberros, dice El Nuevo Diario, entre líneas.

Chico, la sociedad es una gran red
interconectada a un solo equipo.

¿Y la novela, ya empezó?

PANFLETARIO

Un joven encerrado en una galera
mira a través de los hierros
a un policía que voltea a verlo
con fierro en mano, frente a su verja.
Las horas se inhiben y estiran
y nadie ni su familia sabe
dónde está su rastro, atado de piernas.

Pocos lo conocen adentro,
muchos lo buscan afuera.

CENTROS PSIQUIÁTRICOS

Es fácil enfermarse en esta sociedad
y los centros psiquiátricos son tan deplorables
que deberíamos rebelarnos
contra los políticos
frente a los psiquiatras,
aún o no con radicalismos
como si alguien estuviese loco de verdad.

ESTABLECIDOS

Ella era maga
ser amable: oropéndola
de mirar fijo.

Árboles de ancestral esfinge
astros en sus góndolas
un hombre suponiendo que no sabe
del universo dentro suyo, del amor.

Ni la oropéndola más excitante sabría
bullir el bosque aún disuelto abstraídamente
en el sudor que bebíamos desde la piel
que tiene memoria. Toda la sangre del útero.

Epílogo

Como el sol y la luna nos aparecieran al mismo instante, como un gallo ululara y mordiera: así aparecen los muertos en estos versos. Caminan, nos miran, nos persiguen. Nos gastan bromitas. Habitualmente, los encontramos en la taberna: pasa que nos inviten a una copa, nos pregunten la hora y nos digan que es siempre la misma, desde hace siglos. En nuestra mesa una botella, rosas fritas, carne seca, una botella más: tenemos poco tiempo para decir lo que nadie ha dicho nunca. Salvador sale a fumar un cigarrillo, habla con alguien en la barra, juega a las cartas con los dos en el fondo de la sala, en penumbra.

Se sienta, luego, y dice a todos la Verdad: una verdad retorcida, deshilachada, extenuada; una verdad que mancha la historia y luego brota, bencina milagrosa, en los bordes de un mundo que nadie más ha pensado. La poesía, aquí, es el nombre de una tumba, de una mesa – de otro nombre, de otra manera: se desvela como se desvela una novia en el altar, como el Alzheimer de Dios al sexto día. Este es el secreto de Polichinela, la voz que se desguaza en la voz, una catedral en el desierto que la multitud atrinchera. De la sangre blanca en la entrada de una guarida, una guarida en la entrada del mundo, un mundo al umbral entre los mundos y más allá, tranquilo, zumbando como zumba una mosca, el cerebro de Dios. Un clamor, una galaxia, el espacio que gotea y sacia. La taberna se convierte en teatro.

La taberna se convierte en teatro y nos entrega, musitando, un ritmo que devora la historia – una estrella que choca el mediodía. Los miserables, la cárcel, los manicomios y después los demonios, la luz, los poetas.

Esta es la Ilíada de los mendigos, el poema que nadie ha escrito y alguien ya lo ha leído. Estamos en el soplo que asoma del sentido, el cinturón a los pantalones de los santos. Alguien nos habla de un cementerio, alguien del azul del cielo. Parece que incluso alguien nos escuche. Nos espíe y extienda una mano para que, desde la puerta, se arrastre y nos llega un evangelio chamuscado, clandestino. Fuera del teatro, la escritura – las Escrituras – o la cárcel. Lavémonos los pies, hablamos: Tenemos, ahora, las palabras. Tenemos una ocasión.

Mattia Tarantino

Salvador Zambrana Gutiérrez. 1997. Managua, Nicaragua. Licenciado en Comunicación de la Universidad Centroamericana (UCA). Publicado en revistas digitales: Ágrafos, Ablucionistas, Casa Bukowski Internacional, El Camaleón, El Pez Soluble, Letralia, Liberoamérica. Ha colaborado con la revista y editorial Buenos Aires Poetry. Fue incluido en la antología poética "Imprecisa Imagen de los Noventas", publicada por la Revista Abril. Traducido al italiano por Nicola Barbato en Inverso – Giornale di poesia.

Este poemario
fue confeccionado en el
Territorio Panhispánico de
Casa Bukowski Internacional,
en el mes de Julio del 2023

La edición estuvo a cargo
del poeta chileno
Ivo Maldonado

Casa Bukowski®

Editorial